SEBASTIÁN ARROY
Reflejos
Buenos Aires Poetry, 2024.
62 pp.; 13,34 cm x 20,32 cm.
ISBN 978-987-8470-82-5
Poesía mexico.

Editorial ©Buenos Aires Poetry.

Colección ©Pippa Passes.

Diseño editorial ©Camila Evia.

**BUENOS
AIRES
POETRY**

BUENOS AIRES POETRY

editorial@buenosairespoetry.com

www.editorialbuenosairespoetry.com

Sebastián **Arroy**

Reflejos

BUENOS
AIRES
POETRY

PIPPA
PASSES

Sebastian Arroy

*

REFLEJOS

*

PENUMBRA

*"Dioses… sois animales destructores… invoco
la memoria de un fruto amargo, la sabiduría corrompida
en los laberintos
de la inteligencia"*
Nuno Júdice

HUMANIDAD

Observo la batalla,
esta huella de nuestro trayecto
y los ojos depredadores del origen,
que aún transita estas calles.
Es tan agónico el futuro,
los cuerpos marchitos,
     putrefactos,
plaga primera en eterna agonía.
Construimos los refugios,
que han guardado nuestro aliento
tratando de borrar todo rastro
de amenaza,
     rabia domesticada.

En esta ciudad
rodeada de fortines y baluartes,

aún brota el verde
entre sus grietas.

RESURRECIÓN PROFANA

Derrámese la penumbra en esta tarde,
donde vuelve tu recuerdo desvencijado,
y resucitas atemporal sobre tu propia tumba,
en este presente detenido.

Que el viento,
resguarde el secreto de tu nombre
y esta tarde, donde no bastan las palabras
se deshaga entre la bruma del olvido.

Las flores brotan del verde,
y su muerte,
           solitaria naturaleza,

contemplo en esta oscuridad:

El infinito.

IGNICIÓN

De la penumbra surge el forastero,
ronda solo entre la niebla,

y la noche,
            cobijo antiguo
ahora dibuja una hoz
que pide su cabeza.

Los árboles braman
próximos a la guerra,
saben el peligro atemporal
que resguardan las huellas inconclusas
de la bestia
que no nació para este mundo.

Del rayo esquivado surge el fuego,
            el único alivio de los hombres,

accidente que transformaría eterno
el miedo de la huida
en la certeza de la sangre.

LUZ ÚLTIMA

Y fue así,
como la noche
extinguió la última luz del imperio.

Se perdió el futuro
en medio de un grito,
        las lágrimas caen
y el suspiro agónico
de la esperanza
que desde las entrañas del fuego calcina,
intentaba evitar el destino sellado de su pueblo.
Todo ya está perdido,

y en el dolor de una mirada extraviada,
se desata la condena
del camino calcinado tras sus pasos.

La ciudad, oculta entre la bruma,
difumina su pasado.
Zarpa siempre del mismo sitio,
y al volver
sólo permanece

el rastro de la niebla sobre el tiempo.

BANALIDAD

He visto por la ventana,
a esta humanidad sombría
extraviada en la ilusión,
la promesa perdida del mañana.
En los objetos cabe la vida;
y sobra la palabra
cuando nada hay que contar.
Charlo con la luna,
en esta noche
donde se va escapando el tiempo
y solo quedan las luciérnagas.

LAMENTO CARNAL

Dentro de esta noche,
vacío dibujado entre las sombras
juega tu espejismo en el recuerdo.

Este viento frío del vértigo,
es el pasado persiguiendo la tormenta,
          delicado sonido del trueno.

No hay presente,
en este tiempo inmóvil de la ausencia.
Equilibrio al borde del abismo,
espera el viento ser nombrado

para traerte sobre el eco al porvenir.

EXILIO

Varado, sobre la niebla
en esta soledad taciturna,
acudo al vacío para remediar tu ausencia.
Luz quebrada al horizonte
       camino añorado sin retorno,
eres el frío al fondo del abismo.

Sólo queda el silencio
en las palabras atrapadas en el tiempo,
y navegar,
sobre las mismas ruinas del exilio.

Dejo esta incertidumbre
para partir al naufragio
donde espera el futuro.

BALUARTE

Observo a la luz desgarrando
los vitrales de la puerta,
           proyección caleidoscópica
destinada a volver al origen.
Giro la manilla,
           salto primero a las sombras
me remansa esta red
tatuada sobre el suelo.
Descubro la patria bajo el rastro de mis huellas,
y los destellos que rondan esta casa.
Los fragmentos de luz se entrelazan,
en este instante donde todo vuelve.

He olvidado esta casa tantas veces,
           ahora entiendo que es único refugio.

DISTRACCION

Algo navega sobre el aire,
pasea sobre el vaho
debajo del sudor frío de las pérdidas.
Aquello, devora las palabras,
mientras abandona la tranquilidad,

El discurso ensayado
de domar el pensamiento.

Las ideas sin eco
resuenan esta tarde
en la que desgarramos el silencio.

ENTIERRO AMANSADO

Ahora que el viento no sopla,
y dejan de quebrarse las hojas del otoño,
mi cuerpo, yace inerte bajo el epitafio
de mi rastro.

Ahora que el viento no sopla,
y dejan de quebrarse las hojas del otoño,
        el tiempo detenido del final,
la oscuridad habita el suspenso
        con todo aquello para lo que el azar
no fue suficiente.

ORIGEN

Del viento la brisa,
el susurro, esta danza de sonidos.
Surca la tierra,
el agua y en los ríos navegan
los antiguos hombres
que contemplaron por vez primera el mundo.

Estos somos tu y yo,
Los que se encuentran nuevamente
en el origen.

EXILIO EN TIERRA

*"Y así volvimos a nuestro lugar, estos Reinos,
pero ya sin la paz, en este viejo régimen,
con un pueblo extranjero aferrado a sus dioses"*
T.S. Eliot

LATINOAMERICA

A nuestra América

Profanos huesos
que resguardan la historia
brotada de la sangre al olvido.
Nadie recuerda las batallas perdidas
ni la agonía que cabe en la esperanza,
transitamos ciegos,
ajenos de nosotros.

Somos el imperio profanado
que intenta ponerse de pie.

REMINISCENCIAS

La arena del pasado vuelve
para extraviar atemporal el vacío.
En todas las palabras cabe el silencio,
pero en el mío
          titubeante
no hay más palabras,

He buscado tanto el oasis
que se ha perdido en espejismos.

Las ilusiones vacías, las promesas turbias,
extranjeras, han llegado a nuestra puerta.
de mi cobijo y sospecha
derramaron sobre el oro
la sangre de mi pueblo.

SUR

Por qué en el horizonte
sólo quedan las ruinas de opulencia
que dibujaron el brillo de las lagrimas
y el hambre que ha tomado las avenidas.
En estas grietas
dónde alguna vez corrió el agua
y el ruido poblaba las calles
       aún nada reposaba en calma.
Las casas comienzan
a agrietarse en la noche,
porque habrá que mirarnos al espejo
y nada podrá hacernos
huir de nuestros pasos.

Sabemos que en la quietud
no cabe la mentira
y que este silencio
es nuestro último bastión.

UN HOMBRE LLAMADO SALVADOR ALLENDE

Las aves del sur,
con plumaje desgastado
añoran migrar al norte
y perder en el vuelo su rastro.
Parvadas periféricas
rodean las fronteras
de una América que no conocen,
          en la estela de las aves
la muerte.
Los cazadores del norte,
respiraban en el sur su propia sombra
y en el tiempo
quebraron todas las alas
de libertad en nuestra América.
El 11 de septiembre de 1973,
desde el Palacio de Moneda, en el fin del mundo,
el último vestigio nuestro, Salvador Allende
desbordó su aliento terminal
rodeado de fusiles
sacrificando el presente en busca del futuro.

Ahora, todas las aves
vuelan hacia el sur

en busca de su sangre.

PUEBLO

A ti a quién antes de ser niño,
      reflejo de la luna,
fuiste la hoguera más liviana,
la brasa que precede la luz.
El que no se conformaba con palabras,
pues en tu boca descansaba inquieta la estirpe
      el eco que navega en el presente,
para quebrar este silencio.

Las palabras se unen, lumbre desbordada del futuro,
guarda siempre las flamas

para ahuyentar con tu danza punzante
al tigre.

HABANA

La utopía de sangre está
bajo esta herida abierta de vestigios.
El eco de las avenidas es tan sólo un recuerdo
y las estridentes luchas del pasado
         ahora difuminadas
han extraviado el futuro.
En esta isla,
donde siempre es de noche
y el frío la abraza
bajo la sombra del gigante,

aún vive el destello imborrable
de las voces mártires
donde confluye el origen y

         aún alguien sueña con la utopía.

FUEGO CRUZADO

A la juventud que vivió la guerra contra el narco en México
y a todas nuestras ausencias.

Bajo estas lápidas
se aloja el aliento vivo del mañana,
la sangre que nos devuelve al presente.

Del metal, las armas
y en la guerra tan solo la agónica muerte
sin brújula o memoria,
        fuego cruzado supurando el futuro,
ni los generales o tanques
encontraron su ruina,
mientras el pulso se marcha a las balas.

Tendrán que fundir así
derritiendo el alma de la juventud
parpadeando en medio del dolor,
heridos eternamente por el hombre maldito.

MÉXICO

Esta tierra,
por la que la sangre
recorre los ríos,
y en las sombras
se rinde luto a la voz guerrera
de los ofrendados
al Dios del gatopardismo.
Aquí donde todo
vale más que la vida,
y el presente intenta
borrar sus pasos
      el futuro agoniza
rodeado de espejos.

La mentira conquista el tiempo,
mientras la verdad muere
en el susurro de los vencidos.
No conozco vida
para la que la sombra de la muerte
hubiese sido ajena.
Ni cínico capaz de esconder
por siempre un lamento.

Es esta mi tierra,
la que sangra
e intenta huir de su reflejo,
mientras en su lamento agónico

derrama el eco
que traerá

la verdad de los vencidos.

ASILO / SILENCIO

> *"Un abandono en suspenso.*
> *Nadie es visible sobre la tierra.*
> *Sólo la música de la sangre*
> *asegura residencia*
> *en un lugar tan abierto"*
> Alejandra Pizarnik

INSTANTE

El tiempo agota
esta posibilidad de vida,
y la muerte extingue
también el pulso de la memoria.
Quizá un instante
sea la medida de la verdad,
porque las cosas que parecen sólidas
no tienen otro destino que el polvo.

Que sea la vida,
este instante,
lo que aún nos pertenece.

SALVACIÓN

Histeria arrojada sobre el mundo,
sólo la muerte sacia la condena de vida.

Es el orgasmo,
este nuestro instante,
la única salida.

DESEO

Las ausencias son sombras
que recuerdan su trayecto,
y la quietud tan solo
reminiscencia de lo extinto.
Aunque sólo quede este silencio
y la palabra me condene
       inerme espina de lo imposible,
sigo intentando nombrarte
para huir del olvido.
Tiempo
       inevitable destino
conserva el recuerdo de esta muerte.

ECO DE TU VOZ

En esta noche,
          relámpago estridente
vuelve en esta oscuridad
con tu presencia.
Debajo de esta soledad desgarradora,
sólo queda la sombra
ignota de tu cuerpo
y las palabras que murieron
son el quebrar de tu llanto con su eco.

No mentiré,
he de luchar conmigo
para no pensar en ti,
pero llega la noche
y con esta, un rumor de viento

que lleva tu nombre.

SILENCIO

El viento resguarda
las palabras que no se han dicho.
Algunos creen que el vendaval
es el camino de la brisa,
y que omitir los aires turbios
es conservar el buen tiempo.
El comienzo de los huracanes
es el silencio que queda entre palabras.

NO RETORNO

Las gotas de sangre
se derraman sobre tus vestiduras blancas,
      manchas que se extienden a plenitud
y te señalan culpable.
Dejas caer el arma
y desplomas en llanto,
tu garganta es ahorcada
e intentas liberar tu último aliento,
tus músculos se contraen
y aprisionan tus huesos
ahora estáticos.
Inermes, tus palabras vuelven
y no hay peor condena
que saber que las sombras del pasado
dictan tu destino,
mientras desgarran tu silencio.

FE

Evoquemos la ausencia de palabra,
y descúbrase en nosotros
el fondo del precipicio.
Extendamos esta única certeza,
la quietud que emana del silencio,
el vértigo de conocernos sin palabras,
donde sólo nosotros
sostenemos la mirada al vacío.

AUSENCIA

Velar en el cementerio la ausencia,
para dar de comer a los perros,
es la única forma de dolo
que hay en las perdidas.
Se desliza bajo la tierra
lo que queda del trayecto,
          para vestir de oro a la derrota;
se unen temerosas las palabras
alrededor de la miseria.
En el fondo de la noche
una luz se esparce en el viento
tornándose en cenizas.

La vida es el polvo
que ronda por los suelos.

REPETICIÓN

Ahora que no hay más día que el presente,
y repito mis pasos
sobre el circulo que habita mi sombra
              atemporal
en las paredes
de esta habitación vacía.

Me encuentro extraviado,
he dejado de tener la certeza del futuro,
y los meses escapan sobre el mismo horizonte.

Hace tiempo que la sorpresa abandonó la casa,
para ser el trazo perfecto de lo cotidiano.
Todo reposa en calma, menos la mente
este insomnio que convierte todo
en incertidumbre.
Hay un rumor de viento,
que es condena y resguarda el nombre
de las personas que nos habitan.

Hay algo
que hace que me pregunte
por la muerte

mientras agonizan las avenidas.

SOLEDAD

Soy la presa
que habita las entrañas
de este poema.
Las letras vuelan a mí
como un látigo
cuando las pronuncio.
Hay versos que sangran
un aliento quebrado
que se entrega a la agonía.
El lamento transcurre
mientras habito aún
el instante
donde cada noche,
nos resquebrajamos.

Cabe el universo
en la soledad que escribe este poema.

ALEJANDRA, SUSPENSO INCONCLUSO

A Alejandra Pizarnik

Dibujaba la noche sobre el vaho su aliento
     niña taciturna
conocía la agonía palpable del silencio.
Alejandra,
frío en la memoria,
en el final del tiempo
duerme despiadada
     la nada.
En el eco retumban
tus gritos encadenados de auxilio,
los oídos que te asecharon sordos
     falso cobijo de la sangre
llagas de palabras inconclusas.

Caes, en esta noche
sobre mi sangre.
Ahora, eterna en la memoria
contemplo el mundo con tus ojos
     hostil campo de guerra
cenizas
para evitar el silencio.
Ave condenada a caminar,
este mundo es la jaula de los sueños
gravito en el ser que duda de sus pasos.

Veo caer la lluvia con tu ausencia,
y derramas tu reflejo en esta tierra fértil
donde solo brota el frío.

Las palabras han escapado
          lapidario silencio.

REFLEJOS

"Marcas, herencias, huellas.
Cuando llegues a mí
no estará el corazón.
Estaré yo para pensarlo todo."
Luis García Montero

PRELUDIO

Antes que el viento
rozara el polvo de mi carne,
y mi pasado se extraviase bajo la niebla,
el tiempo ya escapaba de mis pasos frescos.

La muerte me condenó al silencio,
a mirar en los otros el desenlace
de las historias que abandoné
             sin puntos finales.
En el lamento de este viento frío
             no hay rastro de mi nombre
más que una lápida ilegible
quebrada por el pasto.

La luz ha sucumbido a la noche
y las palabras se quiebran
en estas grietas en los labios
por los que no volverá a transitar la vida.

REMINISCENCIA

Esta tarde,
busqué en la memoria
de aquellas ruinas
el mito perdido de mi reflejo,
Tenue como el agua,
deambula la verdad

prisionera de su eco.

PASIÓN

He asistido a mi muerte
a destiempo sobre horas detenidas.

Vi la sangre, mi sangre,
derramarse extranjera en la niebla.
No hay lugar
que no haya sido refugio
e inevitablemente terminase en cenizas.
El tiempo conoce la verdad
oculta en la caída
y el costo de permanecer
herido en la batalla.

Porque no se elige
la razón de un latido,
y es esta trinchera
la única verdad.

DESTINO

En la vorágine,
entre todos los exilios
que ha recorrido mi rastro
        ahora sombra atemporal
reposa sobre el pasado extinto.

Recuerdo difusa la larga noche
en que la oscuridad,
devoró las llamas
y resquebrajado, hurgué sobre el polvo;
pero nada permanece
a la tragedia.

El viento carcome
el origen
mientras la sangre
escapa de mi herida.

VÉRTIGO

Hoy, 28 de noviembre.
Mi aliento ha quedado suspendido en el vértigo
de este destino inevitable de silencio.
No hay más palabras,
ni tiempo, el final se escribe en el lamento
y en la imposibilidad de cambiar
lo que inexpertos transitamos.

Si hace unos años hubiese sabido
que la muerte se llena de mutismo,
hubiera invadido estridente el mundo.

—Daría la vida por reescribir
la tumba que me habita. —

Mañana, no será lo que Dios quiera,
el único mesías, es el tiempo
y espera por nosotros la muerte
              nos queda tan solo saltar al vacío
sin importar el vértigo.

A LA ESPERA DE LA MUERTE

Desborda el tiempo
más allá de la frontera de lo visible,
y deja en cada puerto una llama
que guíe al exiliado.

Que la humedad,
conquiste la madera del buque
que zarpa sospechando un vacío en el horizonte,
y que siga la ruta sabiendo
que el trayecto no lo separa de la ausencia.
En la quietud del mar,
el silencio es el rastro de lo oculto
todo aquello que otros construyeron,
donde navegamos juntos

a la espera de la muerte.

HUIDA

Miro la silueta de aquella ciudad,
          preso de la memoria que aún habitas.
Soy tan solo la oscuridad exiliada
que acampa sin patria en otras tierras.

Recorro nuestro tiempo suspendido,
las calles que me devuelven a tu nombre,
y estos callejones añejos que he dejado de visitar,
para ocultar tu rastro, bajo los rascacielos.
En esta noche, vagabundo
busco refugio en cualquier parte
y miro tu silueta,
          trazo difuminado de tus pasos.

Ahora, sólo me queda el frío.

REFLEJO

Mis cuervos desgarran la noche
con su graznido antiguo
que retumba con mi eco las sombras,
          espejismo
es la memoria enterrada en el vacío.
La noche derrama sus ojos amarillos
en mi pulso condenado a la caída.
Danzan las siluetas,
          espejos desfigurados,
imagino la condena en esta noche,
los colmillos afilados de la luna,
el vaho encerrado de mi aliento
y este mapa sin caminos de vuelta.

No hay salida.
En esta carne,
la permanente incertidumbre
al borde del abismo,
me acompaña, este espejo

y el pasado
en esta soledad, me habita.

Sobre el autor

Sebastian Arroy (Puebla, 1998) actualmente es docente de historia y literatura a nivel secundario y bachillerato. Es egresado de la Facultad de Ciencias Políticas y Sociales de la BUAP y actualmente se encuentra cursando la maestría en Sociología en el Instituto de Ciencias Sociales y Humanidades.

Ha publicado un ensayo titulado "Las contradicciones sociales del mexicano" en la antología *Política, gobierno y ciudadanía* (BUAP, 2016), ha publicado *A la deriva* (2017) y su trabajo poético ha sido incluido en algunas antologías de México.

Junio 2024
Impreso en Buenos Aires,
Buenos Aires Poetry
www.editorialbuenosairespoetry.com

www.ingramcontent.com/pod-product-compliance
Lightning Source LLC
Chambersburg PA
CBHW030405160726
47992CB00007B/2970